DOCUMENTS OFFICIELS

CONCERNANT

LA CANALISATION DE LA SIAGNE

Nice — Typographie V.-E. GAUTHIER et Cᵉ, descente de la Caserne, 1.

DÉPARTEMENT DES ALPES-MARITIMES

ARRONDISSEMENT DE GRASSE

DOCUMENTS OFFICIELS

CONCERNANT

LA CANALISATION DE LA SIAGNE

autorisée par Décret impérial du 25 août 1866

NICE

IMPRIMERIE DE V.-EUGÈNE GAUTHIER ET COMPAGNIE

Mars 1869

SOMMAIRE

I. — Convention conclue, le 21 août 1866, entre le Ministre de l'Agriculture, du Commerce et des Travaux publics, le Maire de Cannes et la Compagnie d'irrigation.

II. — Cahier des charges relatif à la concession de l'établissement et de l'exploitation du canal de la Siagne.

III. — Décret impérial approuvant la convention et le cahier des charges.

I

CONVENTION

ENTRE L'ÉTAT, LA VILLE DE CANNES ET LES DÉLÉGUÉS
DE LA COMPAGNIE D'IRRIGATION,
CONCÉDANT A LADITE VILLE ET A LADITE COMPAGNIE UN CANAL
A DÉRIVER DE LA SIAGNE.

L'an mil huit cent soixante-six, le 21 août,

Entre le Ministre de l'Agriculture, du Commerce et des Travaux Publics, agissant au nom de l'État, sous réserve de l'approbation des présentes par décret de l'Empereur, — d'une part ;

M. Méro, Maire de la ville de Cannes, Chevalier de l'Ordre impérial de la Légion d'Honneur, stipulant au nom de ladite ville, et en vertu de la délibération du Conseil Municipal en date du 20 avril 1865, — d'autre part ;

Et MM. *Hippolyte* Dussard, *Amédée* Sellier et *Frédéric* Marshall, agissant au nom et comme spécialement délégués par la Compagnie anglaise dénommée *Général irrigation and water supply Company of France limited,* dont les bureaux sont à Paris, 3, *Square Clary,* et ce, en vertu de la délibération du Conseil d'administration de ladite Compagnie en date du cinq juin mil huit cent soixante-six, — d'autre part :

A ÉTÉ CONVENU CE QUI SUIT :

Article 1er.

Le Ministre de l'Agriculture, du Commerce et des Travaux publics, au nom de l'Etat, concède à la ville de Cannes et à la Compagnie d'irrigation qui l'acceptent, un canal d'irrigation à dériver de la Siagne, aux clauses et conditions du cahier des charges ci-annexé.

Article 2.

Ce canal appartiendra :

Pendant les cinquante premières années de son exploitation, à la Compagnie d'irrigation.

A perpétuité, après ces cinquante premières années, à la ville de Cannes.

Article 3.

Tous les frais à faire pour l'établissement du canal, à quelque titre que ce soit, seront supportés par la Compagnie d'irrigation à ses risques et périls, sans qu'elle puisse réclamer de la ville la moindre participation.

Elle supportera, également seule, pendant les cinquante premières années de l'exploitation du canal, les frais d'administration, d'entretien, de réparations, et tous ceux généralement quelconques résultant de son fonctionnement.

Ces frais seront à la charge de la ville après cinquante ans.

Article 4.

Le Ministre de l'Agriculture, du Commerce, et des Travaux publics, au nom de l'Etat, s'engage à payer à la Compagnie d'irrigation, à titre de subvention pour l'établissement du canal énoncé à l'article 1er, la somme de *cinq cent mille francs.*

Les époques des paiements, des à-comptes successifs et du solde de ladite subvention, seront réglés par décisions ministérielles.

Article 5.

La Compagnie d'irrigation percevra à son profit exclusif, pendant cinquante ans, les produits du canal, redevances ou autres, sous quelque forme qu'ils se présentent.

Les redevances qui seraient souscrites postérieurement à la mise en exploitation du canal, appartiendront à la Compagnie pendant cinquante ans, quelle que soit l'époque de la souscription.

Après cinquante ans, les produits du canal appartiendront à la ville de Cannes ; et la Compagnie n'aura plus aucun droit de propriété ou d'immixtion dans le canal ; elle n'aura aucune indemnité à recevoir de la ville et sera, en même temps, déchargée de toutes obligations.

La remise du canal à la ville s'effectuera alors dans les mêmes conditions que les chemins de fer faisant retour à l'Etat à la fin des concessions.

Article 6.

L'eau livrée quotidiennement à la ville pour les besoins des services publics sera payée deux francs par mètre cube.

Article 7.

Pour faciliter à la Compagnie la reconstitution de son capital employé par elle à l'établissement du canal et à la distribution d'eau dans la commune, la ville de Cannes sera tenue, dès que la Compagnie lui en fera la demande, de contracter au Crédit Foncier de France, par application de la loi du 6 juillet 1860, soit pendant la construction des travaux, soit après leur achèvement, un ou plusieurs emprunts successifs dont l'intérêt, l'amortissement et les frais ne pourront dépasser, par année, le total des redevances souscrites par les usagers de l'eau, et dont la durée sera calculée sur celle des redevances.

Mais toutes les redevances ne pourront être ainsi capitalisées ; il sera réservé sur leur total une somme de 40,000 fr. par année, pour parer aux frais d'administration, d'entretien et autres.

Le montant des emprunts sera remis à la Compagnie sauf si ces emprunts sont contractés avant l'achèvement des travaux, auquel cas les fonds ne pourront être remis à la Compagnie qu'après cet achèvement, de manière à ce que lesdites redevances soient dues et exigibles ; et que toutes les éventualités d'exécution aient complétement disparu.

Pour assurer le service des emprunts, les redevances devront être absolument disponibles; et la Ville est, dès aujourd'hui, substituée à la Compagnie pour percevoir, pendant le temps déterminé par la Compagnie pour la durée des emprunts, toutes les dites redevances des usagers au canal.

La Ville les appliquera d'abord au paiement des annuités des emprunts et ensuite aux dépenses d'administration et d'entretien, telles que ces dernières auront été fixées chaque année par la Compagnie et sur des mandats signés par elle. Le surplus des redevances qui resterait alors disponible serait remis par la Ville à la Compagnie.

ARTICLE 8.

La présente Convention, et le cahier des charges qui y est annexé, ne seront passibles que du droit fixe d'un franc.

Pour la Compagnie d'irrigation :
SELLIER, MARSHALL, DUSSARD.

Le Maire de Cannes,
MÉRO.

*Le Ministre d'État, chargé de l'intérim
du Ministère de l'Agriculture, du
Commerce et des Travaux publics,*
E. ROUHER.

II

CAHIER DES CHARGES

RELATIF

A LA CONCESSION DE L'ÉTABLISSEMENT ET DE L'EXPLOITATION

DU CANAL DE LA SIAGNE.

ARTICLE 1er.

La Compagnie s'engage à exécuter à ses frais, risques et périls, tous les travaux du canal à dériver de la Siagne (Alpes-Maritimes), pour irrigation, distribution d'eau dans les communes, et mise en jeu d'usines.

ARTICLE 2.

Ce nouveau canal aura son origine sur la rivière de la Siagne en amont de l'embouchure de la Siagnole, à un point qui sera fixé ultérieurement par l'Administration supérieure, lors de la présentation du projet définitif.

Il se compose d'un canal principal et de canaux secondaires, desservant tout ou partie des territoires des communes de Saint-Cézaire, du Tignet, de Cabris, Grasse, Mouans, Mougins, Cannes, le Cannet, Vallauris et Antibes.

Il comprendra aussi une dérivation de la Siagnole établie de manière à conduire l'eau de ce cours d'eau au-dessus de la prise de la Siagne.

Enfin, il sera alimenté par une dérivation du Loup, ayant son origine près de Courmes, à un point qui sera ultérieurement fixé par l'Administration, et rejoignant le canal principal près de Grasse, après avoir desservi tout ou partie des territoires des communes du Bar, de Chateauneuf et de Grasse.

Le canal-mère, les dérivations et les canaux secondaires sont figurés par un trait rouge sur le plan général, qui demeurera annexé au présent cahier des charges.

Le tracé du canal principal et des canaux

secondaires sera fixé ultérieurement par l'Administration, lors de la présentation du projet définitif.

Les concessionnaires seront tenus, en outre, de construire et d'entretenir à leurs frais tous les canaux tertiaires ou petites rigoles destinées à amener les eaux d'irrigation en tête de chaque propriété à irriguer.

ARTICLE 3.

Le canal principal devra être entièrement terminé et mis en état d'être exploité dans un délai de deux ans, à partir du décret de concession, sauf le cas de force majeure.

La Compagnie ne sera obligée de commencer chaque canal secondaire ou tertiaire, que lorsque les souscriptions pour irrigations à faire par ce canal, donneront une somme de redevances au moins égale à 6 p. 0/0 d'un capital évalué comme il suit : — 8 francs par mètre courant pour un canal secondaire, 3 francs par mètre courant pour un canal tertiaire.

Les travaux pour un canal secondaire ou tertiaire, une fois commencés, devront être terminés dans un délai de deux ans.

Les conduites de distribution dans la ville de Cannes seront immédiatement établies de façon à desservir les voies publiques indiquées d'accord entre la ville et la Compagnie. Pour les autres voies publiques comprises dans le périmètre, la Compagnie ne sera tenue à établir des conduites de distribution qu'autant qu'il lui sera fait des demandes de concessions dont le produit total et annuel représentera un quart de la dépense de canalisation. Au-delà de ce périmètre, et jusqu'à celui de l'octroi, les demandes de concessions devront atteindre les deux tiers de la dépense de canalisation.

Les eaux destinées à la distribution dans la ville de Cannes, seront conduites dans trois réservoirs situés ; un, à la *Bocca;* un autre, sur la route de Grasse; le troisième, en face de la *Croisette.*

Ces réservoirs devront contenir ensemble pendant la nuit, un volume d'au moins 5,000 mètres cubes.

A partir des réservoirs d'alimentation, les eaux seront distribuées dans la ville, au moyen de tuyaux ayant les dimensions suffisantes pour assurer le service.

La Compagnie établira des bornes-fontaines à distribution intermittente, aux endroits qui seront ultérieurement indiqués par l'Administration.

Leur nombre est fixé à 40.

Elle établira également des bouches d'arrosage et d'incendie, dont le nombre est fixé à 200.

L'entretien des bornes-fontaines et des bouches d'arrosage et d'incendie sera moitié à la charge de la ville et moitié à la charge de la Compagnie.

Le puisage aux bouches d'arrosage est formellement interdit.; celui aux bornes-fontaines, établies comme il est dit au paragraphe précédent, sera restreint aux usages domestiques.

En sus des bornes-fontaines fixées ci-dessus, dix fontaines monumentales pourront être élevées par l'Administration municipale, et à ses frais, sur les points qui seront ultérieurement désignés.

La ville s'interdit la faculté de céder telle partie de l'eau fournie aux fontaines monumentales, dont elle pourra seulement disposer pour le lavage des égoûts, des urinoirs et vespasiennes, l'arrosage des squares et des jardins publics.

Le puisage y sera également interdit aux particuliers.

Toutes les sources, dont peut disposer actuellement la ville de Cannes, devront être appliquées exclusivement au nettoyage des égoûts, dès que la Compagnie sera en mesure de fournir 1000 mètres cubes d'eau par vingt-quatre heures.

La Compagnie est autorisée à distribuer les eaux du puits de *la Foux*.

La canalisation, servant actuellement à cette

distribution, sera admise à faire partie de la canalisation définitive, après qu'elle aura subi les modifications qui seront reconnues nécessaires, et la Compagnie prendra à sa charge les dépenses utiles faites par la ville de Cannes, pour l'exécution de cette distribution provisoire.

ARTICLE 4.

A dater du décret de concession, la Compagnie devra soumettre à l'Administration supérieure, dans un délai de trois mois, en se conformant aux indications des articles précédents, le projet définitif et général des travaux à exécuter pour la construction du canal-mère qui doivent être terminés dans le délai de deux ans fixé à l'article précédent.

Ces projets comprendront :

Un plan à l'échelle d'un vingt millième sur lequel sera indiqué le tracé dudit canal et desdits canaux secondaires ;

Un profil en long, suivant l'axe de ces mêmes canaux ;

Un certain nombre de profils en travers ;

Le tableau des pentes ;

Les dessins des principaux ouvrages d'art, notamment de la prise d'eau ;

Enfin un devis explicatif des ouvrages.

Les projets des canaux secondaires et rigoles d'arrosage, dans les territoires de distribution d'eau dans les communes, pourront être exécutés avec la seule approbation du Préfet, sur le rapport de l'Ingénieur en chef des Ponts et Chaussées.

Toutefois, si l'exécution des travaux devait donner lieu à des acquisitions de terrains nécessitant l'expropriation pour cause d'utilité publique, les projets seraient soumis à l'approbation du Ministre des Travaux Publics.

La Compagnie sera autorisée à prendre copie des plans, nivellements et devis qui ont été dressés aux frais de l'État ou du département, sans avoir à rembourser les dépenses faites.

En cours d'exécution, la Compagnie aura la faculté de proposer les modifications qu'elle pourra juger utile d'introduire ; mais ces modifications ne pourront être exécutées que moyennant l'approbation et le consentement formel de l'autorité qui aura approuvé les projets.

ARTICLE 5.

Le volume d'eau à dériver de la Siagne et de la Siagnole est fixé à 1,000 litres par seconde. Toutefois, la Compagnie devra toujours laisser au moins 300 litres dans le lit de la Siagne.

L'Administration se réserve le droit de prélever dans le département du Var un volume d'eau de 300 litres par seconde sur le débit de la Siagnole, pour en faire l'objet d'une concession spéciale.

ARTICLE 6.

Le volume d'eau à dériver du Loup est fixé à 900 litres par seconde.

Toutefois, la Compagnie devra toujours laisser au moins 300 litres dans le lit de cette rivière.

ARTICLE 7.

Les eaux de colature et versure appartiendront aux concessionnaires, qui en disposeront comme bon leur semblera, à charge, toutefois, de les contenir dans des canaux distincts des cours d'eau naturels.

ARTICLE 8.

La Compagnie devra construire et entretenir à ses frais des ponts dans tous les endroits où, par suite de ses travaux, les communications existantes se trouveraient interceptées.

La largeur de ces ponts sera fixée à neuf mètres (9ᵐ 00) au moins entre les parapets, pour les routes impériales, pour les routes départementales et pour les chemins de fer ; à cinq mètres (5ᵐ 00) pour les chemins de grande communication ; et à quatre (4ᵐ 00) pour les chemins vicinaux. Ces ponts seront en maçonnerie hydraulique.

ARTICLE 9.

S'il y a lieu de déplacer les routes existantes, la déclivité des pentes et rampes, sur les nouvelles directions, ne pourra excéder trois centimètres (0ᵐ 03) par mètre pour les routes impériales et départementales, et cinq centimètres (0ᵐ 05) pour les chemins vicinaux.

L'Administration restera libre, toutefois, d'apprécier les circonstances qui pourraient motiver une dérogation à la règle précédente.

ARTICLE 10.

Les ponts à construire à la rencontre des routes impériales et départementales ou des chemins de fer, ne pourront être entrepris qu'en vertu de projets approuvés par l'Administration supérieure.

Le Préfet du département, sur l'avis de l'Ingénieur en chef des Ponts et Chaussées, et après les enquêtes d'usage, pourra autoriser les déplacements

des chemins vicinaux et la construction des ponts
à la rencontre de ces chemins.

ARTICLE 11.

La Compagnie sera tenue de rétablir et d'assurer
à ses frais l'écoulement de toutes les eaux dont le
cours serait arrêté, suspendu ou modifié par les
travaux exécutés par elle.

Les aqueducs, buses, ponts-canaux qui seront
construits à cet effet, seront en maçonnerie hydraulique ou en fer.

Elle sera tenue, en outre, de prendre les dispositions qui seront prescrites par l'Administration,
pour arrêter autant que possible, les filtrations
d'eau qui pourraient se faire à travers le canal et
empêcher ces filtrations de nuire aux parties basses
des territoires.

ARTICLE 12.

Les barrages, déversoirs et prises d'eau du canal
seront également en maçonnerie hydraulique ou
en fer.

ARTICLE 13.

A la rencontre des routes impériales ou départementales, ou autres chemins publics la Compa-

gnie sera tenue de prendre toutes les mesures, ou de payer tous les frais nécessaires, pour que les communications n'éprouvent ni interruption ni entrave pendant l'exécution des travaux. A cet effet, des routes et ponts seront construits par les soins et aux frais de la Compagnie, partout où cela sera jugé nécessaire.

Avant que les communications existantes puissent être interceptées, les ingénieurs des localités devront reconnaître et constater si les travaux provisoires présentent une solidité suffisante, ét s'ils peuvent assurer le service de la circulation.

Un délai sera fixé pour la durée de l'exécution de ces travaux provisoires.

ARTICLE 14.

Dans le cas où le canal ou ses branches devraient traverser des chemins de fer, les aqueducs-siphons, qui seront construits à cet effet, devront être établis de manière à ne jamais interrompre la circulation sur lesdits chemins de fer.

La Compagnie sera tenue, en outre, de se conformer à toutes les dispositions qui lui seront prescrites par l'Autorité administrative dans l'intérêt de la conservation du chemin de fer et de la sûreté du passage.

ARTICLE 15.

La Compagnie pourra employer dans les travaux de maçonnerie dépendant de son entreprise les matériaux communément en usage dans les travaux publics de la localité.

Toutefois, les têtes de voûtes, les angles, socles, couronnements et extrémités de radiers seront en pierre de taille, ou tout au moins en moëllons de choix proprement taillés.

ARTICLE 16.

Tous les terrains destinés à servir d'emplacement au canal, à ses dépendances et aux branches principales, ainsi qu'au rétablissement des communications déplacées ou interrompues et des nouveaux lits de cours d'eau, seront achetés et payés par la Compagnie.

Il est fait toutefois exception pour les terrains appartenant à la ville de Cannes, cette ville en concédant à la Compagnie la disposition gratuite, en tant que l'occupation de ces terrains serait néces-saire pour l'établissement des conduites, réservoirs et dépendances.

La ville de Cannes concède à la Compagnie le privilége exclusif d'établir des conduites de distribution sur ou sous le sol des rues, places, chemins et voies publiques de la commune de Cannes.

Les indemnités dues pour l'établissement des rigoles de distribution des eaux d'arrosage, ou pour obtenir le passage de ces eaux sur les fonds intermédiaires, à titre de simple servitude, seront aussi payées par la Compagnie à qui les propriétaires donneront, dans les actes d'engagement, les pouvoirs nécessaires pour qu'elle puisse réclamer en leur nom l'application de la loi du 29 avril 1845.

Les indemnités pour occupation temporaire ou détérioration de terrains pour chômage, modification ou destruction d'usines, pour tout dommage quelconque résultant des travaux, seront supportées et payées par la Compagnie.

ARTICLE 17.

L'entreprise du nouveau canal et de toutes ses dépendances, étant déclarée d'utilité publique, les concessionnaires sont substitués aux droits et obligations que la loi du 3 mai 1841 confère à l'Administration pour l'exécution des travaux publics. Ils jouiront aussi, pour la construction et l'entretien du canal et de toutes ses dépendances, en ce qui concerne l'extraction, le transport et le dépôt des terres et matériaux, des

priviléges accordés par les lois et réglements
aux entrepreneurs des travaux publics, à charge
par eux d'indemniser à l'amiable les propriétaires, et, en cas de non-accord, d'après les réglements qui seront arrêtés par le Conseil de
préfecture, sauf recours au Conseil d'Etat.

ARTICLE 18.

La Compagnie exécutera les travaux par des
moyens et des agents de son choix, mais en
restant soumis au contrôle et à la surveillance
de l'Administration.

Pour les travaux de canalisation à exécuter
dans la ville de Cannes, aucun travail de tran-
chée ne sera fait qu'après avis préalable donné
à l'Administration municipale. L'exécution de ces
travaux sera soumise aux règles imposées par
la Ville à ses entrepreneurs de travaux exécutés
sur la voie publique.

Pendant un an, les réparations du pavé des
rues et places nécessitées par les travaux de la
Compagnie seront faites par elle et à ses frais,
sous la surveillance des agents des Ponts et
Chaussées en ce qui concerne la grande voirie,
et des agents de la ville, en ce qui concerne
la voirie urbaine.

La Compagnie est responsable des dommages résultant des conduites et des travaux qu'elle aura exécutés.

ARTICLE 19.

Après l'achèvement total des travaux construits par la Compagnie, il sera procédé à leur réception par un ou plusieurs commissaires que l'Administration désignera. Le procès-verbal du ou des commissaires désignés ne sera valable qu'après l'homologation par l'Administration supérieure.

La Compagnie fera faire, en outre, à ses frais un bornage contradictoire et un plan cadastral du canal entier et de toutes ses branches et dépendances. Elle fera dresser également à ses frais et contradictoirement avec l'Administration, un état descriptif des ponts, aqueducs et autres ouvrages d'art, qui pourront exister à cette époque sur tout le parcours du canal et de ses dépendances.

Une expédition dûment vérifiée, des procès-verbaux de bornage du plan cadastral et de l'état descriptif, sera déposée aux frais de la Compagnie dans les archives de la Préfecture et de l'Administration des Ponts et Chaussées.

ARTICLE 20.

Le canal entier, ses branches et toutes ses dépendances seront constamment entretenus en bon état.

Dans la saison d'arrosage, le canal sera constamment alimenté de manière à pouvoir fournir aux propriétaires les quantités d'eau pour lesquelles ils auront souscrit, sans toutefois dépasser en temps d'étiage le volume concédé.

Il devra aussi contenir le volume d'eau nécessaire pour assurer pleinement et entièrement le service général de distribution d'eau dans les communes ; il devra pouvoir notamment débiter quotidiennement sur le territoire de Cannes un minimum de 15,000 mètres cubes d'eau, sur lesquels 4,000 mètres, et au maximum 5,000, devront être employés aux usages municipaux. L'excédant sera affecté aux fournitures des particuliers et aux besoins des communes voisines ; et la Compagnie aura la faculté d'utiliser, pour cet objet, les travaux exécutés pour la commune de Cannes.

L'état dudit canal, de ses branches et de ses dépendances sera reconnu annuellement, et plus souvent en cas d'urgence ou d'accident par un ou plusieurs commissaires que désignera l'Administration.

Les frais d'entretien, d'alimentation et ceux de réparation, soit ordinaires, soit extraordinaires, resteront complétement à la charge des concessionnaires. Pour ce qui concerne cet entretien, cette alimentation et les réparations, les concessionnaires demeurent soumis au contrôle et à la surveillance de l'Administration.

Si le canal, une fois achevé, n'est pas constamment entretenu en bon état dans toute sa longueur et ses dépendances, et suffisamment alimenté, il y sera pourvu d'office à la diligence de l'Administration et aux frais des concessionnaires, sans préjudice, s'il y a lieu, de l'application des dispositions indiquées ci-après dans l'article 22.

Le montant des avances faites sera recouvré au moyen de rôles que le Préfet rendra exécutoires.

Article 21.

Si dans le délai d'un an, à dater du décret de concession, la Compagnie ne s'est pas mise en mesure par suite d'insuffisance des souscriptions d'arrosages, ou par tout autre motif, de commencer les travaux qu'elle est chargée d'exé-

cuter, et si elle ne les a pas effectivement commencés, elle sera déchue de plein droit et sans
qu'il y ait lieu à aucune mise en demeure ni
notification quelconque, de tous les droits qui
lui sont conférés par la présente concession.

Article 22.

Faute par la Compagnie d'avoir achevé le canal principal dans le délai de deux ans, fixé
par l'article 3, faute par elle d'obtempérer aux
réquisitions qu'il y aura lieu de lui adresser
plus tard à l'effet de faire construire les autres
canaux que pourraient réclamer les besoins de
populations ; faute aussi d'avoir rempli les di-
verses obligations qui lui sont imposées par le
présent cahier des charges, elle encourra la déchéance ; et il sera pourvu à la continuation
et à l'achèvement des travaux, comme à l'exécution des autres engagements par elle contractés, au moyen d'une adjudication ouverte sur
une mise à prix des ouvrages déjà exécutés, des
matériaux approvisionnés et des parties du canal déjà livrées à l'exploitation, déduction faite
des subventions que la Compagnie pourrait avoir
reçues.

Cette adjudication sera prononcée au profit

de celui des nouveaux concessionnaires qui, après avoir fourni un cautionnement, dont le montant sera fixé par le Ministre de l'Agriculture, du Commerce et des Travaux Publics, offrira la plus forte somme pour les objets compris dans la mise à prix.

Les soumissions pourront être inférieures à la mise à prix.

Le nouveau concessionnaire sera soumis aux clauses du présent cahier des charges, et la Compagnie évincée recevra de lui le prix que la nouvelle adjudication aura fixé.

Si l'adjudication ouverte n'amène aucun résultat, une seconde adjudication sera tentée sur les mêmes bases, après un délai de trois mois ; si cette seconde tentative reste également sans résultat, la Compagnie sera définitivement déchue de tous droits, et alors les ouvrages exécutés, les matériaux approvisionnés et les parties du canal déjà livrées à l'exploitation appartiendront à l'État.

ARTICLE 23.

Si l'exploitation du canal vient à être interrompue en totalité ou en partie, l'Administration prendra immédiatement, aux frais et risques des concessionnaires, les mesures nécessaires pour assurer le service.

Si, dans les trois mois de l'organisation du service provisoire, les concessionnaires n'ont pas valablement justifié qu'ils sont en état de reprendre et de continuer l'exploitation, et s'ils ne l'ont pas effectivement reprise, la déchéance pourra être prononcée par le Ministre des Travaux Publics.

Cette déchéance prononcée, le canal et toutes ses dépendances seront mis en adjudication, et il sera procédé ainsi qu'il est dit à l'article précédent.

ARTICLE 24.

Les dispositions des trois articles qui précèdent cesseraient d'être applicables, et la déchéance ne serait pas encourue, dans les cas où les concessionnaires n'auraient pu remplir leurs obligations par suite de circonstances de force majeure régulièrement constatées.

L'obstruction par des tubercules des tuyaux établis pour la distribution de l'eau dans la ville de Cannes sera considérée comme cas de force majeure; néanmoins, la Compagnie devra remettre à ses frais les conduits en bon état dans le plus bref délai possible.

ARTICLE 25.

La contribution foncière sera établie en raison de

la surface des terrains occupés par le canal et ses dépendances; la cote en sera calculée conformément à la loi du 25 avril 1803.

Les bâtiments et magasins dépendant de l'exploitation seront assimilés aux propriétés bâties dans la localité, et les concessionnaires devront également payer toutes les contributions auxquelles ils pourront être soumis.

ARTICLE 26.

Des règlements d'administration publique rendus après que la Compagnie et les propriétaires auront été entendus, détermineront les mesures et les dispositions nécessaires pour assurer l'emploi et la distribution des eaux, ainsi que la police et la conservation des eaux du canal dans toute son étendue, et des ouvrages qui en dépendent.

ARTICLE 27.

Les concessionnaires seront tenus, en outre, de se soumettre, en ce qui concerne les usines qui pourront être établies sur le canal et ses dérivations, à tous les réglements d'eau que l'Administration jugera convenable de faire.

Ces usines ne pourront, d'ailleurs, être construites qu'après avoir obtenu une autorisation régulière de l'Autorité administrative, conformément aux lois et réglements qui régissent la matière, et à charge par les concessionnaires de ne porter aucun dommage aux irrigations.

ARTICLE 28.

Pour indemniser les concessionnaires des travaux et dépenses qu'ils s'engagent à faire par le présent cahier des charges et sous la condition expresse qu'ils en rempliront exactement toutes les obligations, il leur est accordé, et ce, à dater du jour où le canal sera reconnu susceptible d'être mis en exploitation, l'autorisation de percevoir des propriétaires, qui voudront profiter du canal, les redevances annuelles, telles qu'elles seront établies ci-après.

L'eau livrée quotidiennement pour les besoins des services publics sera payée selon la convention à intervenir entre la ville et la Compagnie.

Pour les consommations privées, le prix de l'eau à livrer aux particuliers sera déterminé par les tarifs suivants, lesquels pourront être réduits par la Compagnie :

Tarif du prix de l'eau et du prix de la force motrice

QUANTITÉ DE LA FOURNITURE JOURNALIÈRE EN LITRES PAR SECONDE OU EN CHEVAUX	PRIX PAR AN
	Francs
0 litre 50 cent................................	40
1 litre.......................................	70
2 litres	130
Au-dessus de 2 litres et par litres..............	60
100 litres, par seconde, tombant de 1 mètre de hauteur (unité de force)........................	150
De 1 à 5 unités, par unité.....................	150
De 5 à 10 unités, par unité....................	100
De 10 à 20 unités, par unité...................	80
De 20 à 30 unités, par unité...................	75

Chaque unité de force sera représentée par un volume d'eau de 100 litres par seconde, tombant d'une hauteur d'un mètre.

Au-dessus de 30 unités, la Compagnie traitera de gré à gré, sans que l'unité de force puisse dépasser soixante-dix francs.

Il ne sera pas accordé d'abonnement inférieur à 50 centilitres.

Il ne sera pas livré de force motrice inférieure à un cheval.

Tarif du prix de l'eau coulant d'une manière continué

QUANTITÉ DE LA FOURNITURE JOURNALIÈRE	PRIX PAR AN
	Francs
100 litres.....................................	20
200 litres.....................................	30
500 litres.....................................	40
1 mètre cube....	50
2 mètres cubes, à 45 francs	90
5 mètres cubes, à 40 »	200
10 mètres cubes, à 35 »	350
20 mètres cubes, à 30 »	600
35 mètres cubes, à 25 »	875
50 mètres cubes, à 20 »	1,000
Chaque mètre cube en plus .... 20 francs	

Il ne sera pas accordé d'abonnement jaugé inférieur à 250 litres d'eau.

L'abonnement de 100 litres par appartement ne peut être concédé qu'à robinet libre et pour les besoins exclusifs du ménage.

Le premier mètre cube ne comportera pas d'autres divisions que celles indiquées ci-dessus.

Au delà de 1 mètre cube, il ne sera pas admis d'augmentation pour des quantités inférieures à 1 mètre cube.

*Bases pour fixer les abonnements aux eaux
par estimation et sans jaugeage.*

DÉPENSES PAR JOUR

Par personne domiciliée..................... 20 litres
Par ouvrier............................... 5 »
Par cheval................................ 60 »
Par vache................................. 40 »
Par voitures à 4 roues (1° de luxe).......... 80 »
    id.   id.   id.   (2° de louage)........ 40 »
Par mètre carré d'allée, cour et jardin....... 3 »
Par boutique.............................. 150 »

DÉPENSE D'EAU PAR MINUTE

PAR FORCE DE CHEVAL-VAPEUR

1° Machine à haute pression.......... 0 50 centilitres
2° Machine à détente et condensation.. 10   litres
3° Machine à basse pression.......... 20   »

PRIX A FORFAIT

Par bain............................... 10 centimes

Ce prix sera calculé sur une moyenne d'un
bain et demi, par jour et par baignoire, affectée
tant au service sur place qu'au service à domicile.

Sauf ce qui concerne les eaux périodiques

d'irrigation et les forces motrices, les conventions à intervenir entre la Compagnie et les abonnés seront rédigées conformément au réglement en vigueur à Paris et annexé au décret impérial du 2 octobre 1860, lequel a été approuvé par l'Administration municipale, sur la proposition de la Compagnie.

Toutefois, le droit à l'irrigation ou à l'usage domestique de l'eau, et à la possession d'une force motrice devant suivre l'immeuble en quelque main qu'il passe, la Compagnie pourra stipuler une durée de cinquante ans pour les abonnements.

Les propriétés auxquelles s'appliquera l'usage de l'eau, seront désignées dans les actes d'engagement.

Article 29

Les redevances dues par les propriétaires et usiniers pour usage des eaux, seront payables par douzièmes, comme en matière de contributions publiques.

Les rôles seront dressés chaque année par la Compagnie et rendus exécutoires par un arrêté préfectoral.

Le recouvrement des taxes sera fait par un receveur désigné par la Compagnie.

ARTICLE 30

Pour les eaux municipales et domestiques à distribuer dans la commune de Cannes, l'interruption momentanée de l'arrivée de l'eau dans les réservoirs, provenant des réparations, sera considérée comme cas de force majeure, ne donnant lieu à l'exercice d'aucun recours contre la Compagnie.

Si cependant ces travaux de réparations s'opposaient à l'alimentation des bornes-fontaines pendant plus de cinq jours consécutifs, la Compagnie serait, à titre d'indemnité, passible d'une retenue égale aux prix de l'eau qui aurait dû être fournie pendant tout le temps qui excédera cinq jours.

Les cinq jours de délai commenceraient à courir du moment où il aurait été donné, par écrit, avis à l'Administration municipale au représentant de la Compagnie, à Cannes, de l'interruption pouvant donner lieu à une retenue.

ARTICLE 31

Les engagements définitifs des propriétaires pour usage des eaux seront donnés dans la forme qui sera arrêtée par le Ministre de l'Agriculture, du Commerce et des Travaux publics ; sur la proposition de la Compagnie, et ayant égard, autant que possible, aux conditions auxquelles' les engagements provisoires des propriétaires ont été reçus.

Article 32

L'insuffisance temporaire des eaux et la suspension temporaire du service dues à des accidents ou à la force majeure, seront constatés par l'Administration.

Si en temps d'étiage, le volume d'eau fourni par la Siagne se trouvait inférieur à celui qui est spécifié dans l'article 5, les quantités attribuées aux usagers pourraient être temporairement réduites dans la même proportion que le volume total, et les redevances ne subiraient pour cela aucune diminution.

Il n'y aura pas non plus lieu à une diminution dans la redevance pour les eaux périodiques ou continues en cas de suspension temporaire absolue résultant de circonstances de force majeure.

Toutefois, si l'insuffisance ou la suspension temporaire absolue des eaux périodiques ou continues durait plus de trente jours consécutifs, en dehors des temps d'étiage, il serait fait, pour

.toute indemnité, une remise proportionnelle sur le montant de la redevance annuelle.

Cette remise serait calculée, pour les eaux périodiques, en considérant le tarif annuel, comme ne s'appliquant qu'à six mois et demi d'arrosage.

Si la suspension absolue des eaux périodiques durait deux mois consécutifs entre le 1er mai et et le 1er septembre, il serait fait remise de la redevance entière de l'année, sans que les concessionnaires puissent être tenus à aucune autre indemnité ou dédommagement quelconque envers les propriétaires.

En cas de diminution ou de suspension temporaire dans le service des eaux des usines, il sera accordé aux propriétaires ou fermiers de ces usines une réduction de 75 centimes par jour, pour la suppression de chaque unité de force, représentée par un volume d'eau de 100 litre par seconde, tombant d'une hauteur d'un mètre, lorsque cette diminution ou suspension aura été régulièrement constatée.

Les concessionnaires auront toutefois la faculté de mettre le canal en chômage trente jours par an, en dehors de la saison d'irrigation, sans que les propriétaires ou fermiers d'usines puissent prétendre pour ce fait à aucun dédommagement ni à aucune diminution dans la redevance.

Ce chômage aura lieu du 15 octobre au 15 novembre, ou du 15 février au 15 mars.

Article 33

Les travaux à faire pour la fuite des eaux employées aux irrigations, à l'agrément ou à la mise en jeu des usines, seront à la charge des concessionnaires ; mais les dommages de toutes sortes qui pourront résulter de l'emploi même de ces eaux resteront à la charge des usagers.

Article 34

Dans le cas où le Gouvernement ordonnerait ou autoriserait la construction de routes impériales, départementales ou vicinales, de canaux ou de chemins de fer qui traverseraient le canal qui fait l'objet de la présente concession, les concessionnaires ne pourront mettre aucun obstacle à ces travaux ; mais toutes les précautions seront prises pour qu'il n'en résulte aucun empêchement à la construction ou au service dudit canal, ni aucun frais pour les concessionnaires.

Article 35

Les agents et gardes que les concessionnaires établiront, soit pour opérer la perception des droits, soit pour la surveillance ou la police du canal et des ouvrages qui en dépendent, pourront être assermentés, et seront, dans ce cas, assimilés aux gardes-champêtres.

Article 36

Les frais de visite, de surveillance et de réception des travaux, et des frais de contrôle de l'exploitation dus aux ingénieurs et conducteurs des Ponts et Chaussées seront supportés par les concessionnaires.

Ces frais seront payés d'après les règlements qui en seront faits par le Préfet, conformément aux lois et règlements qui régissent la matière.

Article 37

La Compagnie sera tenue de faire élection de domicile à Cannes, et de faire choix d'un agent résidant dans cette ville, chargé de recevoir, au nom de la Compagnie, les significations, notifications ou réquisitions et d'y répondre ; et, dans le cas de non élection, toute notification à eux adressée sera valable lorsqu'elle sera faite au secrétariat général de la Préfecture des Alpes-Maritimes.

ARTICLE 38

Les contestations qui s'élèveraient entre les concessionnaires et l'Administration au sujet de l'exécution et de l'interprétation du présent Cahier des charges, seront jugées administrativement par le Conseil de Préfecture du département des Alpes-Maritimes, sauf recours au Conseil d'Etat.

ARTICLE 39

Avant le décret de concession, la Compagnie devra verser à la caisse des consignations ou au Ministère des Finances, et à titre de cautionnement, une inscription de rente française 3 % de trois mille francs de rentes.

Ce cautionnement sera restitué à la Compagnie par tiers et proportionnellement à l'avancement des travaux du canal principal.

ARTICLE 40

Les droits d'enregistrement sur les traités pour usage des eaux seront supportés par les souscripteurs.

Le Ministre d'Etat chargé de l'Intérim
du Ministère de l'Agriculture, du
Commerce et des Travaux Publics,

E. ROUHER.

III

DÉCRET

—

Napoléon, par la grâce de Dieu et la volonté na-
tionale, Empereur des Français,

Sur le rapport de notre Ministre Secrétaire d'État
au département de l'Agriculture, du Commerce et
des Travaux publics;

Vu les avis du Conseil Général des Ponts et
Chaussées, du 26 juillet 1851, et du 11 août 1853,
sur deux avant-projets d'un canal à dériver de la

Siagne et à diriger vers la ville de Cannes, et les dépêches ministérielles des 30 août 1851 et 13 septembre 1853, relatives au même objet;

Vu la délibération du Conseil Municipal de cette ville, en date du 13 avril 1861, relative à l'établissement du canal destiné à donner des eaux à ladite ville, et à la subvention promise au nom de l'Etat;

Vu la convention passée, le 21 avril 1865, entre le Maire de Cannes et M. Sellier, administrateur de la Compagnie d'irrigation, réglant notamment le prix des eaux livrées quotidiennement à la ville;

Vu, à la même date, le projet de convention à intervenir entre notre Ministre de l'Agriculture, du Commerce et des Travaux publics, d'une part;

Le Maire de Cannes, à ce autorisé par délibération de Conseil Municipal du 20 avril 1865, d'autre part,

Et le représentant de la Compagnie générale d'irrigation et de fourniture d'eau en France, d'autre part;

Vu, avec la demande de la concession du 22 août 1865, le projet présenté par ladite Compagnie avec les plans et profils à l'appui, ladite demande tendant à obtenir la concession d'un canal dérivé de la Siagne et dont le volume est fixé par l'article 1er du cahier des charges à 3 mètres cubes qui seraient réduits à 2 mètres cubes à l'étiage (*pièce* 28 *du projet*).

Vu, à la date des 29 septembre 1861 et 30 septembre 1863, le relevé des jaugeages exécutés pendant lesdites années dans la Siagne ;

Vu sur ledit projet les rapports des ingénieurs des Alpes-Maritimes des 28 octobre, 4 et 8 novembre 1865, avec plan, renseignements sur les usines de la Siagne, jaugeages de la Siagne et du Loup, bordereau comparatif, prix proposés par l'Ingénieur de la Compagnie, avec ceux qu'il conviendrait d'y substituer ;

Vu, à la date du 21 novembre 1865, les observations de la Compagnie demanderesse, ensemble la délibération du 5 décembre 1865 du Conseil Municipal de Cannes ;

Vu, à la date du 15 mars 1866, l'avis du Conseil Général des Ponts et Chaussées, duquel il résulte qu'il y a lieu de soumettre à une enquête d'utilité publique le projet sus-visé de la Compagnie demanderesse en concession, ensemble les instructions données à la date du 29 du même mois, par notre Ministre de l'Agriculture, du Commerce et des Travaux publics, aux Préfets du Var et des Alpes-Maritimes ;

Vu les pièces de l'enquête d'utilité publique ouverte par arrêté du Préfet des Alpes-Maritimes, en date du 4 avril 1866, dans les arrondissements de Grasse et de Nice, et notamment :

1° Le procès-verbal de l'enquête ouverte à Grasse le 10 avril par le Sous-Préfet et close au même lieu le 10 mai au soir, avec les 22 pièces jointes audit procès-verbal ;

2° Les délibérations des Conseils municipaux du Cannet (18 avril), de Vence et de Grasse (11 et 12 mai), de Cabris et de Mouans-Sartoux (13 mai), et de Mandelieu (15 mai);

3° Le dossier des listes d'adhésion souscrites dans les communes d'Antibes, de Cannes, Cannet, Grasse, Mandelieu, Mouans-Sartoux, Mougins et Vallauris;

4° Le procès-verbal ouvert à Nice le 10 avril et clos le 10 mai avec les 19 pièces y annexées, savoir : notamment les délibérations des Conseils Municipaux du Broc, de La Colle, de La Gaude, de Saint-Paul-du-Var et de Villeneuve-Loubet;

Vu l'arrêté du Préfet du Var du 10 avril 1866, prescrivant l'ouverture d'une enquête d'utilité publique dans l'arrondissement de Draguignan du 15 avril au 15 mai, avec les pièces à l'appui, notamment la délibération du Conseil Municipal de Mons;

Vu les avis favorables des deux Commissions d'enquête des 17-24 mai dans le département des Alpes-Maritimes, et du 21 mai dans le département du Var;

Vu 1º le procès-verbal des conférences dressé entre les Ingénieurs du service hydraulique des deux départements du Var et des Alpes-Maritimes (26, 30 juin, 15 juillet);

2º Le procès-verbal des 7-15 juillet 1866, des Ingénieurs du département des Alpes-Maritimes;

3º Le procès-verbal des conférences entre les Ingénieurs civils et militaires des 28 juin, 2, 6 et 9 juillet;

Vu les pétitions à nous directement adressées par divers habitants des communes de Grasse, Antibes, La Gaude, Gattières, Le Broc, Carros, Le Rouret, Saint-Cézaire, Saint-Jeannet et Vallauris;

Vu également le Mémoire de la Société agricole et horticole de Cannes et de l'arrondissement de Grasse;

Vu l'avis favorable du Conseil général des Ponts et Chaussées du 11 août 1866;

Vu, à la date du 17 août, les observations de la Compagnie sur la réduction provisoire apportée au volume d'eau qu'elle a le droit de dériver;

Vu la lettre du 17 août de notre Ministre de l'Intérieur;

Vu, avec la traduction légale qui l'accompagne le consentement du Conseil d'administration de la Compagnie anglaise connue sous le nom de *General irrigation and Water supply Company of France limited*, au traité souscrit par MM. Dussard, Sellier et Marshall, lesdites pièces enregistrées au ministère, le 18 août 1866 ;

Vu la loi du 3 mai 1841 et l'ordonnance royale du 18 février 1834 ;

Notre Conseil d'État entendu,

Avons décrété et décrétons ce qui suit :

Article Premier

Est approuvée la convention passée le 21 août 1866 entre le Ministère de l'Agriculture, du Commerce et des Travaux publics, d'une part ; le Maire de la ville de Cannes (Alpes-Maritimes) à ce duement autorisé par délibération du Conseil municipal, d'autre part ; et les sieurs Hippolyte Dussard, Amédée Sellier et Frédéric Marshall, agissant au nom de la Compagnie anglaise *General irrigation and Water supply Company of France limited*, d'autre part ; ladite convention portant concession, pendant cinquante ans à cette Compagnie et à perpétuité ensuite à la ville de Cannes, du canal d'irrigation de la Siagne et du Loup aux clauses et conditions stipulées tant dans cette convention que dans le cahier des charges ci-joint, lesquels seront tous deux annexés au présent décret.

ARTICLE 2

Les travaux du canal de la Siagne et du Loup sont déclarés d'utilité publique ; en conséquence, la Compagnie anglaise, ci-dessus nommée, est substituée aux droits comme aux obligations qui dérivent pour l'administration de la loi du 3 mai 1841.

ARTICLE 3

Le volume d'eau attribué aux concessionnaires par les articles 5 et 6 du cahier des charges ci-annexé n'est réglé qu'à titre provisoire. Il sera définitivement fixé par un décret ultérieur, après enquête nouvelle et après les jaugeages reconnus nécessaires.

ARTICLE 4

La subvention de 500,000 fr., stipulée dans la convention ci-annexée sera imputée sur les fonds du Ministère de l'Agriculture, du Commerce et des Travaux publics, chap. XI du budget extraordinaire *Travaux d'amélioration agricole).*

ARTICLE 5

Notre Ministre Secrétaire d'État au Département de l'Agriculture, du Commerce et des Travaux publics est chargé de l'exécution du présent décret qui sera inséré au *Bulletin des Lois*.

Fait au Palais de Saint-Cloud, le 25 août 1866.

NAPOLÉON.

Par l'Empereur,

Le Ministre d'État, chargé de l'intérim
du Ministère de l'Agriculture, du
Commerce et des Travaux publics,

E. ROUHER.

Nice — Typographie V.-E. Gauthier et C⁰, descente de la Caserne, 1.